6 MINUTOS MATINAIS
BRAÇOS

6 MINUTOS MATINAIS
BRAÇOS

LUCY WYNDHAM-READ

babel

Primeira impressão em 2011

Babel
Av. das Nações Unidas, 11.541
14º andar
São Paulo/SP - Brasil

ISBN: 978-85-64548-25-1

Impresso na China

Criação e produção: Ivy Contract
Design: JC Lanaway
Fotografia: Ian Parsons
Cabelo e maquiagem: Sarah El Hini
Modelo: Willow Boswell-Wright
Tradução: Rodrigo Oliveira
Produção: D'Angola Editorial

As orientações expressas pela autora neste livro se tratam apenas de orientações gerais, portanto, recomenda-se aos leitores que consultem um especialista qualificado na área para aconselhamento individual em situações específicas. A Parragon não se responsabiliza legalmente por qualquer consequência do uso deste livro, incluindo erros, perdas, danos ou gastos (diretos ou indiretos) sofridos por uma terceira parte e devida qualquer informação contida neste livro.

A Ivy Contract gostaria de agradecer à iStock/Michael Tupy pela permissão de reproduzir material com direitos autorais nas páginas 6 e 7.

Advertência
Por favor, consulte o médico/terapeuta antes de fazer estes exercícios, sobretudo se você tiver algum machucado, estiver grávida ou tenha passado por trabalho de parto há pouco tempo. Recomenda-se que mães recentes esperem no mínimo seis semanas após o parto (ou 12 semanas no caso de parto cesariana) para se exercitar. Caso sinta alguma dor ou desconforto durante os exercícios, pare imediatamente e procure orientação médica.

Este livro possui ficha catalográfica, que está disponível nos arquivos do departamento de catalogação da CBL e na editora.

SUMÁRIO

INTRODUÇÃO

Os braços e os ombros são áreas geralmente negligenciadas quando se realiza rotinas de exercício. Isso pode resultar em músculos fracos e flácidos, o que pode levar à má postura e até mesmo a problemas de saúde.

Ao exercitar os braços e ombros, você alcançará uma forma tonificada e esbelta. Os exercícios ajudarão a levantar o busto, farão com que toda oscilação dos braços seja eliminada, moldarão e tonificarão os ombros, definirão as costas e aumentarão a força na parte superior do corpo.

Trabalhar essa área também realinha os músculos, o que ajuda na postura e fará você parecer mais magro e confiante.

Os braços e a parte superior do corpo combinam alguns grupos fundamentais de músculos, portanto, trabalhar essa área aumentará a taxa metabólica. Além de tonificar a força, você também "queimará" todo excesso de calorias.

Os exercícios deste livro foram especialmente elaborados para desenvolver todas áreas da parte superior do corpo, incluindo a parte de trás dos braços, os ombros, o busto e as costas. Em seções de 6 Minutos, você poderá ter uma parte superior tão bem tonificada que poderá mostrá-la com confiança, ao invés de escondê-la em camisetas de manga longa!

O que vestir
Use mais de uma camada de roupas confortáveis e vá retirando aos poucos. Dê preferência roupas leves para pele respirar.

Como usar este livro

Apenas escolha seis dos exercícios do livro. Sempre comece pelo aquecimento e alongamentos e termine com as rotinas de relaxamento. Tente seguir os exercícios diariamente. Há várias opções de escolha para que você se sinta motivado a manter o treinamento de forma variada e mesmo que você tenha um dia tarefado.

Se você consultar o Plano – 2 Semanas (ver p. 44), descobrirá como executar o aquecimento e os exercícios em 6 Minutos. Nós os tornamos fáceis para que você possa ver o que é capaz de fazer a cada dia.

Do que você precisa

Alguns exercícios requer o uso de pesos de mão. Eles são encontrados em tamanhos diferentes: você pode usar um que seja mais pesado conforme forem aumentando as aptidões. Nós sugerimos pesos de 1 kg (roxo) e 2,5 kg (azul). Mulheres podem usar os pesos em qualquer um dos exercícios; ou nenhum, se preferirem. Se você não tiver pesos, pequenas caixas de leite cheias de grãos de arroz ou areia são uma ótima alternativa. É uma boa ideia executar os exercícios diante de um espelho para que você possa avaliar a técnica. Sempre tenha certeza de que o ambiente seja bem ventilado e iluminado, e que você tenha espaço suficiente para alongar completamente os braços para cima e para os lados.

É melhor usar camadas de tecido confortável e transpirável. Também é importante ter um relógio visível para cronometrar cada exercício. Você precisará de uma cadeira para alguns exercícios, assim como de um tapete ou toalha para os exercícios de solo.

Em que hora do dia se exercitar

Se você tiver tempo suficiente, faça os exercícios pela manhã. É uma excelente forma de dar o pontapé inicial no dia, porque isso irá acelerar o metabolismo e você queimará mais calorias. Você também se sentirá satisfeito pelo resto do dia, sabendo que fez os exercícios! Mas a melhor parte de trabalhar 6 Minutos por dia é que você sempre poderá encontrar tempo para realizar os exercícios.

Começando

Primeiro use o Plano – 2 Semanas que está ao final do livro. Se você quiser desenvolver o próprio plano depois, você pode. Depois de se aquecer, escolha seis dos exercícios de 30 segundos, e repita-os para que completem um ciclo de 6 Minutos.

Os resultados da tonificação

As mulheres se preocupam com o fato de que, se fizerem exercícios para tonificar a parte de cima do corpo, ficarão volumosas. Isso não é verdade – mulheres não têm testosterona suficiente para construir músculos largos. Para isso, seria necessário levantar grandes pesos e seguir um treinamento de exercícios de força!

Equipamento

Os equipamentos básicos para realização dos exercícios são: um tapete, pesos e uma cadeira reforçada.

INTRODUÇÃO

O programa de exercícios foi desenvolvido para formar músculos longos, esguios e definidos ao invés de músculos corpulentos. Para os homens que usarão este livro, é recomendado utilizar pesos em todos exercícios de braço. A razão para isso é que homens tendem a ter mais força na parte superior do corpo do que mulheres, e é importante se sentir desafiado a cada exercício. Ao usar pesos de mão, você pode ter certeza que o exercício está na intensidade correta.

Tonificando a área superior do corpo

Conseguir um corpo supertonificado exige a combinação de duas formas de exercício: a primeira é a de tonificação, como descrita neste livro, e a outra é a aeróbica. A forma aeróbica judará a queimar qualquer excesso de gordura corporal e melhorar a saúde cardiovascular. Você deve se lembrar da importância da alimentação, pois uma dieta muito calórica aumentará o nível de gordura corporal.

Sobre os músculos

Para tonificar e moldar a parte superior do corpo, é importante saber os nomes e posições dos músculos para que você possa focá-los caso queira abordar algum problema. É importante balancear o exercício treinando todos os músculos.

Ombros

Os músculos dos ombros, deltoides, estão distribuídos em três seções. Cada uma delas tem funções diferentes:

- A anterior (frente) se origina na clavícula e move os braços para cima e para frente, e promove a rotação para dentro.
- A lateral (lado) trabalha principalmente para levantar os braços para o lado e auxilia o anterior e posterior nos movimentos.
- A posterior (costas) se junta à escápula e move os braços para trás, assim como promove a rotação para fora.

Peito

Os peitorais principais são músculos largos, em forma de leque, que têm diversos anexos. Uma parte deles se estende para as partes do meio e internas da clavícula, trabalhando com a frente dos ombros para mover os braços para frente e para cima, e para girá-los para dentro. A outra parte se anexa no esterno e costelas – este músculo é ativado movendo os braços apenas em movimentos descendentes ou para frente dos braços.

Braços

O bíceps é o músculo que alcança frente do braço. Ele permite que você flexione o cotovelo e gire o antebraço para que as palmas se virem para baixo. Este músculo é anexado à junta do ombro e do cotovelo.

O músculo da parte de trás do braço é chamado tríceps. Ele é anexado ao ombro e cotovelo, e é ativado ao se endireitar o braço. Esse músculo pode facilmente perder a tonificação, resultando em braços com aparência de flácidos.

Costas médias e inferiores

O grande dorsal é o músculo da parte superior do corpo que cobre as costas médias e inferiores. Ele é responsável pelos movimentos descendentes do braço e rotação para dentro dos ombros.

Avalie o progresso

Ao se exercitar regularmente, logo terá resultados. Sendo assim, uma ótima forma de se manter motivado é medir o progresso. Há duas formas de se fazer isso.

Primeiro, tente medir os braços. Usando braço direito, coloque uma fita métrica ao redor da parte superior do braço, aproximadamente à distância de uma mão abaixo do ombro. Faça isso a cada duas semanas, certificando-se de que sempre mede o mesmo ponto. Você deve perceber que a medida se torna menor e o músculo se torna mais tonificado, pois reduz o excesso de gordura.

Depois, para ver o quanto melhorou o desempenho, tente executar uma técnica de levantamento (ver p. 37) e observe o quanto consegue realizá-la confortavelmente. A performance deve melhorar rapidamente.

Levantamentos

Tome nota do número de levantamentos que você faz. Você descobrirá que os levantamentos se tornarão mais fáceis à medida que você executá-los com frequência.

AQUECIMENTO

É fundamental aquecer antes de executar qualquer exercício. Sem um aquecimento efetivo, você corre o risco de se machucar e não será capaz de realizar os exercícios de forma eficiente.

Aquecer aumenta naturalmente a temperatura corporal, que aquece os músculos tornando-os mais maleáveis. Também aumenta o fluído das juntas, o que permite que você se torne mais flexível. Mesmo que os exercícios de tonificação durem apenas 6 Minutos, você ainda deve se aquecer, pois as lesões podem ocorrer a qualquer momento.

Marcha

Esta é uma maneira bem fácil e segura de iniciar o aquecimento. Permaneça numa boa postura, mantendo os pés afastados e alinhados ao quadril, joelhos levemente flexionados, abdômen contraído e ombros para trás. Começar nessa posição assegura que você estará se exercitando de forma correta. Comece a correr no mesmo lugar. Certifique-se de que mantém a parte superior do corpo reta e o abdômen contraído. Tente levantar gradualmente os joelhos para altura do quadril, então dobre os braços e balance-os para frente e para trás, como você faz quando anda rapidamente. Faça isso durante 2 ou 3 Minutos, até os pés estarem completamente aquecidos. Como alternativa, você pode dar uma alegre caminhada pelo quarteirão ou, se você tem uma sala de ginástica, usar a bicicleta ergométrica ou esteira.

Rotações do Ombro

Este movimento garante que você aqueceu completamente os ombros e o peito; e a junta do ombro é corretamente movida.

1 Fique numa boa postura e verifique se os pés estão um pouco mais afastados em relação à linha do quadril.

2 Certifique-se de que os joelhos estejam levemente flexionados. Enrijeça o abdômen.

3 Muito devagar e suavemente, comece a girar os ombros para cima e depois para trás. Vá aumentando os movimentos e tente tornar os círculos maiores.

4 Repita o exercício 10 vezes.

Balanço dos Braços

Aumentará a flexibilidade dos músculos peitorais e ajudará a relaxar as costas.

1 Fique numa boa postura, joelhos levemente flexionados e abdômen contraído.

2 Levante os braços para ambos os lados do corpo.

3 Em um movimento suave e controlado, traga os braços para frente para que eles se cruzem e volte à posição inicial.

4 Certifique-se de manter os abdômen contraído para manter a boa postura.

5 Repita o exercício 10 vezes.

AQUECIMENTO

Alongamentos

Uma vez estando com o corpo aquecido, também é importante alongar os músculos antes de iniciar os exercícios. Você deve fazer isso também ao final dos exercícios, quando você desaquece.

Os benefícios do alongamento são:

- Reduzir o risco de lesões durante a atividade.
- Ajudar a prevenir dor após os exercícios.
- Aumentar a flexibilidade e o alcance de movimento.

Alongamento Deltoide

1 Fique numa boa postura, estenda um braço à frente e cruze-o na frente da linha média do corpo.

2 Mantenha os ombros para frente. Force levemente a parte mais carnuda do antebraço, alongando.

3 Mantenha o alongamento por 10 segundos em cada braço.

FIQUE ATENTO

Respire normalmente enquanto pratica esvaziamento abdominal: não respire profundamente quando tenta nivelar o abdômen. Se as costelas crescerem durante o movimento, você respirou profundamente.

2

Alongamento de Tríceps

1 Fique numa boa postura, levante um braço acima da cabeça e abaixe a palma da mão atrás da cabeça, entre as escápulas.

2 Com o outro braço, alongue forçando a parte mais mole e carnuda do braço levantando bem acima do cotovelo.

3 Mantenha o alongamento por 10 segundos em cada braço.

3

AQUECIMENTO

Alongamento de Peito

Se você permanece tempo demais no computador, os ombros tendem a se dobrar para dentro e se levantar. Alongar é bom para contrarreagir ao movimento e ajuda levantar a área do ombro e do peito.

1 Fique numa boa postura, com os pés levemente afastados.

2 Una as mãos atrás das costas e levante-as até sentir o alongamento do peito.

3 Mantenha os ombros abaixados enquanto segura os pulsos.

4 Mantenha por 10 segundos.

2

Alongamento da Superior das Costas

Este aquecimento é particularmente bom para melhorar a postura e aliviar qualquer tensão nas costas.

1 Fique numa boa postura, com os pés levemente afastados.

2 Mantenha os joelhos levemente flexionados e o abdômen contraído.

3 Deixe os braços à frente e imagine que está abraçando uma grande bola de praia. Você deve sentir o alongamento na parte superior das costas.

4 Mantenha por 10 segundos.

3

Como se Exercitar com Boa Postura

Boa postura é importante o tempo todo, em especial quando se faz exercícios, pois estar no alinhamento correto garante que os músculos apropriados sejam trabalhados, obtendo melhores resultados. Imagine que você tem uma folha de vidro à frente e atrás de você – isso ajudará a manter o corpo alinhado.

Exercícios de Postura

1 Permaneça com os pés afastados e um pouco desalinhados em relação à linha dos ombros.

2 Distribua o peso do corpo uniformemente em cada pé.

3 Estenda as coxas, enrijeça os glúteos para dentro e para fora, e puxe o umbigo em direção à coluna.

4 Alongue a coluna e deixe os ombros caírem da altura das orelhas.

5 Enrijeça o abdômen puxando o umbigo em direção à coluna.

Exercícios Sentado

1 Certifique-se de que estará usando uma cadeira resistente para os exercícios que fará sentado.

2 Afaste os pés e confira se os calcanhares estão alinhados aos joelhos.

3 Sente-se na vertical e enrijeça o abdômen – protegendo as costas.

4 Puxe os ombros para trás e mantenha o queixo paralelo ao solo.

POSTURA

Estes exercícios serão todos realizados em pé. O que permitirá que você obtenha um alcance completo do movimento. Quando levantar pesos, sempre mantenha o movimento lento e controlado. Isso trabalha mais os músculos e também previne qualquer lesão.

1

Levantamento de Bíceps para Trás

Este é um exercício em pé e fácil de executar que tonificará toda parte de trás dos braços, criando um tríceps longo e definido, e eliminando qualquer flacidez. A outra grande vantagem deste exercício é que ele também alonga os músculos do peito, o que ajuda a promover boa postura.

1 Permaneça em boa postura e dobre levemente os joelhos. Segure os pesos mantendo os braços alinhados ao corpo, com as palmas apontado para trás.

2 Levante o peito e puxe os ombros para trás.

3 Levante os braços atrás de você e sinta trabalhar o tríceps. Mantenha os braços no ponto mais alto, então lentamente abaixe-os para posição inicial.

FIQUE ATENTO

Este é um levantamento curto, não espere levantar muito os braços. Mantenha os joelhos levemente flexionados e o abdômen contraído.

3

FIQUE ATENTO
O braço que sustenta o outro que está em exercício deve manter o cotovelo na linha do ombro.

Tríceps ponytail

O exercício de postura do tríceps é uma das melhores maneiras de tonificar braços flácidos.

1 Fique numa boa postura. Dobre o joelho levemente e enrijeça os músculos abdominais. Segure um peso na mão direita. Estenda o braço direito para cima e segure-o com o outro braço. Mantenha uma boa postura e os abdômen contraído.

2 Agora, dobre o cotovelo do braço estendido, de forma que o peso esteja na parte superior das costas. Lentamente, retorne à posição inicial. Repita no outro braço.

POSTURA

FIQUE ATENTO
Para manter os músculos abdominais funcionando, certifique-se de manter o abdômen fortemente contraído em direção à coluna. E não curve as costas.

Puxando Sino

Este exercício tonifica bíceps e tríceps, assim como os músculos do peito. É excelente para mulheres, porque ajuda a levantar e tonificar o busto enquanto dá aos braços um acabamento fantástico.

1 Permaneça em boa postura, joelhos levemente flexionados e pés separados.

2 Levante os braços na altura dos ombros e dobre os cotovelos, de forma que os braços fiquem em forma de L. Pressione os braços juntos e mantenha os cotovelos na altura dos ombros.

3 Respire profundamente e, enquanto espira, levante os braços um pouco mais, mantenha-se assim por um segundo e abaixe-os novamente. Faça nos dois braços.

2

FIQUE ATENTO
Mantenha os cotovelos levemente flexionados enquanto executa estes exercícios para evitar travar a junta do cotovelo.

Pressão no ombro

Este exercício tonificará os ombros e tríceps e auxiliará na boa postura da parte superior do corpo.

1 Posicione-se de forma ereta, joelhos levemente flexionados e abdômen contraído. Segure um peso em cada mão na altura do ombro.

2 Com os pulsos apontados para frente e na altura da cabeça, levante os pesos para além da cabeça e estendendo os cotovelos.

3 Levante os pesos juntos, mantenha por um segundo e retorne à posição inicial.

Levantamento na Parede

Este exercício é uma maneira fantástica de ganhar força na parte superior do corpo e tonificar os músculos da parte de trás do braço e do peito.

1 Estenda os braços em direção à parede, com os pés afastados e alinhados aos ombros. Coloque a palma das mãos na parede, com os braços alongados à frente e os dedos apontado para o teto.

2 Mantendo as costas retas e a cabeça para frente, dobre suavemente os cotovelos.

3 Tente se abaixar a meio caminho da parede, então empurre-se de volta até a posição inicial.

FIQUE ATENTO
Se você quer aumentar o grau de dificuldade destes exercícios, tente mover as pernas mais para trás. Manter o abdômen contraído irá tonificá-lo ao mesmo tempo.

1

3

POSTURA

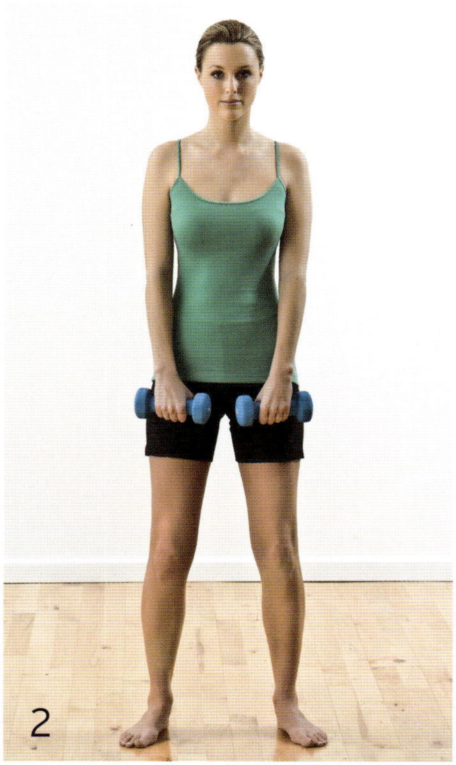

Puxamento Vertical

Este exercício tonificará os ombros, bíceps e costas, que contribuirão para uma boa tonificação também na parte superior do corpo.

1 Permaneça com os pés separados, alinhados aos ombros, e os joelhos levemente flexionados.

2 Segure um peso em cada mão, lado a lado em a frente e na altura das coxas, mantendo as palmas voltadas para as coxas.

3 Bem devagar, traga os pesos para cima, na altura da clavícula, até os cotovelos estarem na altura dos ombros. Mantenha os ombros abaixados e relaxados enquanto faz o levantamento. Se você achar que está encolhendo os ombros na direção das orelhas, é sinal de excesso de peso nas mãos.

4 Retorne lentamente à posição inicial.

FIQUE ATENTO

Certifique-se de que você mantém os pesos próximos ao corpo durante o processo de levantá-los e abaixá-los.

Levantamento Lateral dos Ombros

Este exercício ajudará a definir os ombros – também é indicado para aumentar a flexibilidade das juntas dos ombros e dar boa postura.

1 Permaneça com os pés separados, alinhados aos ombros, e os joelhos levemente flexionados.

2 Segure os pesos na lateral das coxas.

3 Lentamente, levante-os para os lados até a altura dos ombros, mantendo os cotovelos levemente flexionados. Conserve os ombros abaixados e relaxados enquanto faz o levantamento. Se você achar que está encolhendo os ombros, é sinal de excesso de peso nas mãos.

4 Retorne lentamente à posição inicial.

FIQUE ATENTO

É importante manter os braços levemente flexionados enquanto os levanta. Imagine os braços derramando água de um jarro; isso ajuda mantê-los levemente flexionados.

POSTURA

3

4

Pressão de Giro

Este é um exercício poupa-tempo, pois ele atinge os músculos da parte superior do corpo de uma só vez.

1 Permaneça com os pés separados, alinhados ao quadril, com a parte superior do corpo ereta, joelhos flexionados e abdômen contraído.

2 Segure um peso em cada mão, apontando para frente dos ombros e cotovelos flexionados como numa ondulação de bíceps (ver p. 35).

3 Endireite os cotovelos e levante os pesos acima da cabeça, girando as mãos até as palmas apontarem para fora. Abaixe os braços e gire as palmas para dentro.

Levantamento para Frente

Este exercício esculpirá os ombros tonificando e definindo a parte da frente dos braços.

1 Fique em boa postura, pés separados e alinhados ao quadril, e joelhos flexionados.

2 Mantenha os abdômen contraído, para protejer a coluna, e o peito relaxado.

3 Segure um peso em cada mão, viradas para dentro, pesos na altura das coxas.

4 Em um movimento lento e controlado, levante os pesos para frente e à altura dos ombros; em seguida, abaixe lentamente os braços de volta à posição inicial.

Levantamento de Braços com Pulsos para Fora

Este exercício fortificará a frente e o meio dos ombros.

1 Com um peso em cada mão, permaneça em boa postura vertical, joelhos lentamente flexionados, abdômen contraído e pés separados e alinhados aos ombros.

2 Levante os braços para o lado, de forma que os pulsos estejam em linha com os ombros e as palmas apontem para cima.

3 Agora, levante os braços acima da cabeça, mantendo-os alongados. Tente fazer as mãos se encostarem e mantenha por um segundo. Agora, lentamente, abaixe os braços de volta à posição inicial.

FIQUE ATENTO

Enquanto os braços estiverem para o lado, mantenha-os paralelos aos ombros, nem acima e nem abaixo.

Tonificação da Frente do Braço

Este exercício tonificará a frente dos braços e também funciona para fortificar os músculos do antebraço.

1 Permaneça com os pés separados e alinhados aos ombros, joelhos flexionados, cotovelos firmes e abdômen contraído.

2 Com um peso em cada mão, deixe os dois braços penderem ao lado do corpo, completamente alongados e com as mãos viradas para o corpo.

3 Simultaneamente, levante os pesos sem mover os cotovelos, mantenha por um segundo; em seguida, retorne à posição inicial.

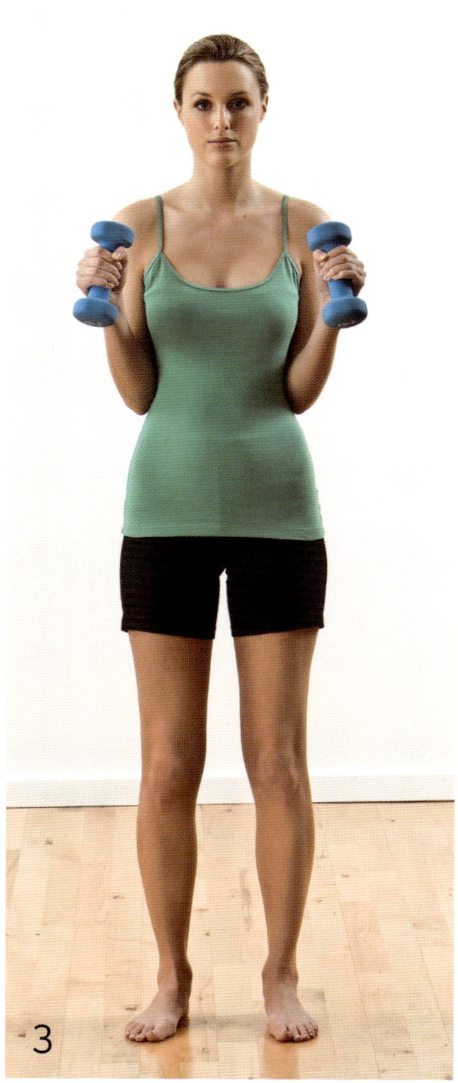

Abertura de Braços

Este exercício trabalha tonificando bíceps, parte da frente dos braços. O exercício irá firmá-lo, não massificá-lo.

1 Permaneça com os pés separados e alinhados aos ombros, joelhos flexionados, cotovelos firmes e abdômen contraídos para promover boa postura.

2 Mantenha os braços ao lado, cotovelos flexionados e braços em forma de L, um peso em cada mão.

3 Com as palmas apontado uma na direção da outra, abra os antebraços um para cada lado enquanto mantém os cotovelos flexionados. Mantenha por um segundo, e retorne à posição inicial.

FIQUE ATENTO

Faça este exercício de forma lenta e controlada. É importante manter os cotovelos firmes e presos ao corpo.

POSTURA

Círculos com os Braços

Este exercício fácil aumentará a mobilidade e definição dos ombros. Você pode aumentar a intensidade usando pesos de mão ou simplesmente criando círculos maiores.

1 Permaneça reto, com os pés separados e alinhados aos ombros. Os braços devem estar esticados na lateral do corpo, formando um T.

2 Bem devagar, faça pequenos movimentos circulares com os braços, em sentido horário.

3 Foque em manter os joelhos flexionados e o abdômen contraído.

3

FIQUE ATENTO

Quanto mais forte você se sentir, mais capaz será de fazer círculos maiores.

Pressão no Peito

Este exercício atinge dois músculos importantes – tríceps e músculo do peito. É um ótimo exercício para mulheres, pois ele fortifica os músculos que dão suporte ao busto.

1 Fique em boa postura vertical, joelhos levemente flexionados e pés separados e alinhados ao quadril.

2 Segurando um peso em cada mão, dobre os braços de forma que as mãos fiquem à frente dos ombros.

3 Alongue os braços, mantendo-os na altura dos ombros.

4 Quando os braços estiverem bem estendidos, mantenha por um segundo. Retorne à posição inicial.

FIQUE ATENTO

Foque nos músculos abdominais mantendo o abdômen contraído. Isso ajuda proteger as costas.

POSTURA

Braços de Boxe

Este é um exercício realmente divertido que tonificará os braços, peito e ombros. Quando um exercício trabalha diversos músculos de uma vez, ele aumenta a queima de calorias, tanto durante quanto depois do exercício.

1 Permaneça em pé, com os pés separados e alinhados aos ombros, abdômen contraído e os joelhos levemente flexionados.

2 Mantenha as mãos no nível da parte superior do peito, com os punhos cerrados e palmas para dentro.

3 Dê socos para frente com um dos braços. Certifique-se de que as mãos estão alinhadas aos ombros.

4 Traga lentamente a mão de volta à posição inicial, controlando-a, e soque para frente com o outro braço.

3

4

FIQUE ATENTO

Mantenha os joelhos levemente flexionados e o abdômen contraído. Isso não apenas trabalhará os músculos abdominais como também protegerá as costas.

Levantamento de Busto

Este exercício atinge o músculo do peito, que é responsável pela sustentação do busto. Se o músculo não for exercitado, ele suportará menos o peso, o que significa que começará a cair. Esta é uma grande maneira de tonificar e levantar o busto.

1 Fique em pé, com boa postura, joelhos levemente flexionados, alinhados ao quadril, e abdômen contraído.

2 Estenda o braço à frente, na altura do peito, dobre os cotovelos e junte as mãos com as palmas viradas uma para outra.

3 Fique nesta posição, pressione as palmas e, segurando essa pressão, levante um pouco as palmas. Segure por um segundo enquanto aplica a pressão; em seguida, volte lentamente à posição inicial. Solte a pressão por um segundo, reaplique-a e levante-se.

FIQUE ATENTO

Faça este exercício de forma lenta e controlada. Quanto mais pressão você aplicar, mais pesado você trabalhará no levantamento do busto.

SENTADO

Para os exercícios seguintes, certifique-se de usar uma cadeira reforçada. Estes exercícios atingirão todos os músculos da parte superior do corpo, ajudando a tonificá-la e defini-la.

Tríceps Coice

Este exercício é para a parte de trás do braço, atingindo a área-problema que pode levar os braços com aparência flácida.

1 Ajoelhe-se sobre uma cadeira, com um braço suportando corpo e joelho flexionado. Assegure-se de que o cotovelo do braço de suporte esteja flexionado e que o joelho da perna estendida também esteja.

2 Com um peso em uma mão, posicione o braço para que fique paralelo ao solo, dobre o cotovelo.

3 Lentamente, estenda o braço até que ele endireite, então volte e repita. Faça sequência no outro braço, virando-se para o outro lado.

2

3

FIQUE ATENTO

Para maior alcance de movimento, o braço pode ser posicionado com o cotovelo em um ângulo um pouco maior que o ombro.

Imersão de Tríceps

Este exercício é específico para tonificar o tríceps, trabalhado em um único movimento. Você notará que rapidamente este músculo se tonifica e que o exercício será mais fácil a cada dia, conforme os músculos do braço se fortalecem.

1 Sente-se na ponta da cadeira, com as mãos próximas ao quadril, palmas viradas para baixo.

2 Deixe os pés apoiados no solo, separados e alinhados ao quadril, e joelhos flexionados.

3 Levante-se apoiando-se sobre as mãos e traga o quadril lentamente para frente.

4 Leve os cotovelos e o quadril para baixo, próximos à cadeira. Mantenha o abdômen contraído e os ombros abaixados.

5 De uma maneira controlada, lentamente, empurre-os de volta para cima sem travar os cotovelos.

3

4

FIQUE ATENTO
Certifique-se de que você mantém o quadril próximo à cadeira para garantir o foco no tríceps e não nos ombros.

Imersão de tríceps estendidos

Para tornar este exercício mais difícil, deixe os pés um pouco para frente. Igualmente para torná-lo mais fácil, mova os pés para mais perto.

SENTADO

Levantamento de Braços Curvado

Este exercício atingirá braços e músculos da parte superior melhorando a flexibilidade e a postura.

1 Com um peso em cada mão, sente-se na ponta da cadeira, curve-se, braços suspensos e pés levemente separados.

2 Enrijeça os músculos abdominais para proteger as costas.

3 Levante os braços para os lados até a altura dos ombros, sentindo as escápulas trabalharem.

4 Mantenha os cotovelos levemente flexionados e levante os braços até os ombros. Abaixe-os e repita.

FIQUE ATENTO

Para ter certeza de que os braços estão flexionados, imagine que está jogando água de um jarro.

Tonificação Sentando para Trás

Este exercício usa os músculos deltoides para fortalecer os braços.

1 Sente-se com boa postura, pés separados e alinhados ao quadril, abdômen contraído.

2 Com um peso em cada mão, levante os cotovelos até a altura dos ombros, então dobre-os para que os pulsos fiquem sobre o peito e em linha com os ombros.

3 Usando os pesos, leve os cotovelos para trás, mantendo-os dobrados e paralelos ao solo. Segure por um segundo, em seguida, volte à posição inicial.

FIQUE ATENTO
Trabalhe as escápulas juntas enquanto move os braços para trás.

Braços Entrecruzados

Este exercício simples tonificará tríceps, bíceps e músculos do peito.

1 Sente-se em boa postura, braços estendidos para frente, palmas viradas uma para outra.

2 Cruze o braço direito sobre o esquerdo, voltando as palmas para baixo. Pause, então volte à posição inicial.

3 Repita a sequência nos dois braços.

FIQUE ATENTO
Mantenha o abdômen contraído. Para aumentar o desafio, use pesos.

2

FIQUE ATENTO
Tente focar em apenas dobrar os cotovelos e tente manter firme a junta do ombro.

Bíceps com Braços para Fora

Este exercício tonificará o bíceps e envolverá o tríceps no processo, pois este músculo tende a estabilizar os braços na posição do exercício.

1 Sente-se com boa postura, joelhos flexionados e pés firmes no solo, levemente afastados.

2 Com um peso em cada mão, levante-as totalmente estendidas para fora até a altura dos ombros, palmas para cima.

3 Enrijeça o abdômen, dobre suavemente os cotovelos. Tente fazer com que as mãos atinjam os ombros. Segure e solte os braços.

3

Fortalecendo o Bíceps

Este exercício tem como objetivo trabalhar os bíceps usando movimento completo.

1 Sente-se inclinado para frente, com as pernas levemente afastadas e a mão esquerda no topo da coxa esquerda.

2 Com um peso na mão direita, mantenha o braço estendido e cotovelo encostado na parte de dentro do joelho.

3 Nesta posição, levante lentamente o braço até formar um L.

4 Com o peso na altura do joelho, levante lentamente o braço até o peito. Segure por um segundo, então abaixe. Volte à posição inicial. Repita no outro braço.

2

3

4

NO SOLO

Para os exercícios de solo, é importante que você use um tapete ou uma toalha para proteger os joelhos e as costas. Como nos exercícios em pé e sentado, devem ser feitos de maneira controlada e lenta.

Dobra de Tríceps

Este é um exercício fantástico para tonificar e definir a parte de trás dos braços, pois ele atua no tríceps que fica na parte de trás dos braços. Este músculo é tonificado quando os braços saem da posição dobrada para reta.

1 Deite-se no tapete, com os joelhos flexionados e um peso em cada mão.

2 Estique os braços para cima sobre o peito, palmas viradas uma para outra, segurando firme os pesos.

3 Lentamente, dobre os cotovelos e abaixe as mãos uns poucos centímetros acima da testa, para formar um ângulo de 90 graus.

4 Tensione o tríceps esticando os braços sem travar as juntas.

2

3

Flexão Ajoelhado

Este exercício atinge vários dos músculos da parte superior do corpo, portanto, é ótimo para tonificar braços, busto e ajudar a ganhar força. Você perceberá que os braços ficarão em forma e tonificados conforme você for ficando mais forte e logo poderá executá-lo com facilidade.

1 Ajoelhe-se no tapete, com os joelhos diretamente abaixo do quadril. As mãos devem estar levemente mais afastadas que os ombros, com os dedos apontando para frente.

2 Mantenha o peso do corpo nas mãos, abdômen contraído e as costas retas. Lentamente, desça o corpo para que os cotovelos formem um ângulo de 90 graus.

3 Suavemente, empurre-se de volta à posição inicial.

1

2

FIQUE ATENTO

Mantenha o abdômen contraído para proteger as costas e, se não estiver usando um tapete, use uma toalha no solo para proteger os joelhos.

Flexão ajoelhado (avançado)

Ao melhorar nisso, torne este exercício mais desafiador empurrando o quadril para frente dos joelhos através da coluna para que o corpo fique numa linha reta. Isso significa que você agora está levantando mais do peso corporal.

NO SOLO

Braços da Supermulher

Este exercício tonificará o ombro e bíceps enquanto trabalha para melhorar a flexibilidade.

1 Ajoelhe-se no tapete, com os pulsos alinhados aos ombros e os joelhos ao quadril. Mantenha os abdômen contraído. Segurando um peso pequeno, levante um braço até que ele se alinhe ao ombro.

1

2 Agora, lentamente, dobre o braço de volta para que o ombro esteja em linha com o cotovelo. Segure e lentamente solte de volta o braço esticando-o. Repita com o outro braço.

2

Extensão das Costas

Para uma boa postura é importante ter músculos fortes nas costas. E este exercício auxiliará na força e na postura vertical, enquanto tonifica os braços.

1 Deite-se de bruços no tapete e coloque os dedos do lado da cabeça.

2 Mantenha o abdômen contraído durante todo exercício para proteger a coluna.

3 Faça pressão nas costas para levantar o peito um pouco do solo. Segure por um segundo; em seguida, volte lentamente.

3

Levantamento do Solo

Este é um exercício desafiador, mas é fantástico para esculpir os braços, pois ele realmente funciona para o tríceps.

FIQUE ATENTO
Para tornar o exercício mais fácil, realize-o com as pernas dobradas.

1 Sente-se no tapete, com as pernas retas e juntas. Posicione as mãos, com os dedos para frente, bem atrás do quadril e coloque os dedos do pé para frente.

2 Com o abdômen contraído, estique os braços (as mãos devem ficar abaixo dos ombros) e levante o quadril do solo até o corpo estar alinhado aos ombros. Continue olhando para frente.

3 Mantenha por um segundo e volte lentamente à posição inicial.

1

2

NO SOLO

Abrindo as Asas

Este exercício tonificará peito, ombros e braços enquanto fortalece a parte superior do corpo, tornando-a mais flexível.

1 Deite-se no tapete. Com um peso em cada mão e sobre o peito, braços levantados e palmas viradas uma para outra.

2 Mantendo os cotovelos levemente flexionados, abaixe os braços para os lados até estarem na altura do peito.

3 Trave os cotovelos e evite abaixar demais os pesos.

4 Force o peito para trazer os braços para cima, como se você estivesse abraçando uma árvore.

FIQUE ATENTO

Quanto mais lentamente você realizar este exercício, mais efetivo ele será.

1

2

Supertonificador de Peito

Este é um exercício para trabalhar profundamente o músculo do peito, que ajuda sustentar e levantar o músculo do busto, e também aumenta o alcance da flexibilidade.

1 Deite-se no tapete, com os joelhos flexionados e pés firmes no solo.

2 Com um peso em cada mão, dobre os braços para fora e para os lados, encostando-os no solo, cotovelos alinhados aos ombros e flexionados em forma de L.

3 Lentamente, levante os braços do solo enquanto mantém a dobra e tente trazer os dois braços para se encontrarem diretamente em linha com o rosto. Segure por alguns segundos, volte ao solo e repita.

FIQUE ATENTO
Mantendo o abdômen contraído com força, você protegerá as costas durante este exercício. Fazer isso tonificará os músculos abdominais mais profundos.

RESFRIAMENTO

Muitas pessoas ignoram o resfriamento achando perda de tempo ou sem importância. Mas, definitivamente, o resfriamento é tão importante quanto o aquecimento para evitar lesões. O principal objetivo do aquecimento é preparar o corpo e a mente para o exercício, o resfriamento tem um papel diferente.

O objetivo principal do resfriamento é promover a recuperação e o retorno do corpo ao nível pré-exercício e, se executado corretamente, auxiliar o corpo no processo de reparo necessário.

O resfriamento também evita "dor muscular pós-exercício". Ele permite que os músculos se reparem e se alinhem, previnindo a dor que é geralmente sentida um dia depois, principalmente se você não faz exercícios há algum tempo ou se começou a se exercitar agora.

O resfriamento e o alongamento também aumentam a flexibilidade, o que significa que você poderá ter alcance total dos movimentos das juntas.

Como se Resfriar

Antes de iniciar os alongamentos, é uma boa ideia marchar no mesmo lugar alguns minutos para trazer suavemente os batimentos cardíacos e a temperatura corporal de volta o estado pré-exercício. Faça isso gradualmente diminuindo ritmo, aí então parando. Sente-se no solo para os alongamentos de resfriamento.

Alongamento de Tríceps

1 Sente-se no tapete, cruze as pernas e fique em boa postura. Levante um braço acima da cabeça e deixe cair a palma da mão atrás da cabeça, entre as escápulas.

2 Levante o outro braço e use-o para dar suporte na parte macia e carnuda do braço alongado, acima ou abaixo do cotovelo.

3 Alongue por 15 segundos. Repita no outro braço.

Alongamento Deltoide

1 Sente-se no tapete, cruze as pernas e fique em boa postura. Estique um braço à frente e cruze-o, ainda estendido, à frente da linha média do corpo.

2 Mantenha os ombros apontados para frente. Com a outra mão, segure o braço alongado.

3 Alongue por 15 segundos. Repita no outro braço.

Alongamento de Peito

1 Sente-se no tapete, cruze as pernas e fique em boa postura. Levante os braços para o lado e coloque-os atrás de você.

2 Mantenha os ombros abaixados enquanto você junta as mãos.

3 Alongue por 30 segundos.

Alongamento da Parte Superior das Costas

1 Sente-se no tapete, cruze as pernas e fique em boa postura. Levante os braços à frente.

2 Segure as mãos à frente e imagine que está abraçando uma bola de praia. Sinta o alongamento nas costas.

3 Alongue por 20 segundos.

PLANO – 2 SEMANAS

Aqui está o Plano – 2 Semanas. Apesar de o plano sugerir uma rotina de 6 Minutos por dia, você pode estabelecer o tempo que vai dedicar e quais os exercícios que irá fazer. Conforme ficar mais em forma e forte, poderá aumentar o número de exercícios e de minutos que dedicará em uma rotina completa. Você sentirá melhorar a tonificação, a flexibilidade e a força.

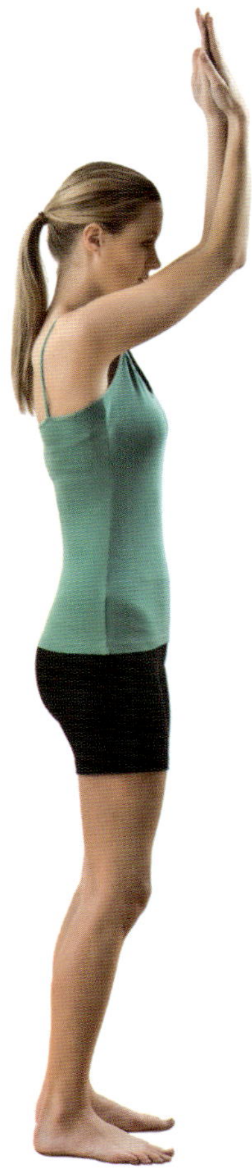

Como estabelecer as rotinas

Cada plano diário foi desenvolvido para oferecer uma sequência de exercícios completa para os músculos superiores do corpo. Tente seguir o número de repetições recomendadas, mas não se preocupe caso não consiga no início. Logo você notará que força e desempenho melhoraram. As rotinas são desenvolvidas para durarem 6 Minutos, o que inclui tempo para você tomar posição e ter um descanso curto entre cada exercício.

Obtenha o máximo do exercício

- Aqueça-se e alongue-se antes dos exercícios.
- Beba água suficiente para manter-se completamente hidratado.
- Foque-se em manter os abdômen contraído enquanto se exercita.
- Faça movimentos lentos e controlados.
- Resfrie-se e alongue-se adequadamente no final.

Dia 1

Puxar o sino: 10-12 vezes **p. 18**
Abertura de braços: 10-12 vezes **p. 21**
Pressão do ombro: 10-12 vezes **p. 19**
Levantamento na parede: 10-12 vezes **p. 19**
Levantamento de tríceps para trás: 15 vezes **p. 16**

Dia 2

Tríceps ponytail: 10 vezes em cada braço **p. 17**
Tonificação na frente do braço: 10-12 vezes **p. 24**
Levantamento de busto: 20 vezes **p. 29**
Puxamento vertical: 10-12 vezes **p. 20**
Levantamento de braços curvado: 10-12 vezes **p. 32**
Abrindo as asas; 10-12 vezes **p. 40**

Dia 3

Mergulhos de tríceps: 10-12 vezes **p. 31**

Fortalecendo o bíceps: 10 vezes em cada braço **p. 35**

Pressão no peito: 10-12 vezes **p. 27**

Levantamento de frente: 10-12 vezes **p. 22**

Levantamento do ombro de lado: 10-12 vezes **p. 21**

Braços em forma: 10 vezes em cada braço **p. 28**

Extensão das costas: 10-12 vezes **p. 38**

Dia 4

Abrindo as as: 10-12 vezes **p. 40**

Torção de bíceps com braços para fora 10-12 vezes **p. 34**

Torção de tríceps por trás: 15 vezes **p. 16**

Puxamento vertical: 10-12 vezes **p. 20**

Pressão nos ombros: 10-12 vezes **p. 19**

Tonificação sentando para trás: 10-12 vezes **p. 33**

Dia 5

Tonificação de braço para frente: 10-12 vezes **p. 24**

Tríceps ponytail: 10 vezes em cada braço **p. 17**

Pressão no peito: 10-12 vezes **p. 27**

Braços da supermulher: 10-12 vezes em cada braço **p. 38**

Dia 6

Dobra de tríceps: 10-12 vezes **p. 36**

Torção de bíceps com os braços para fora: 10-12 vezes **p. 34**

Levantamento de busto: 20 vezes **p. 29**

Levantamento de braços com pulsos para fora: 10-12 vezes **p. 23**

Levantamento de boxe ajoelhado: 10-12 vezes **p. 37**

Extensão das costas: 10-12 vezes **p. 38**

PLANO – 2 SEMANAS

Dia 7

Tríceps ponytail: 10 vezes em cada braço **p. 17**

Levantamento do solo: 6-8 vezes **p. 39**

Braços entrecruzados: 20 vezes em cada braço **p. 33**

Puxamento vertical: 10-12 vezes **p. 20**

Tonificação sentando para trás: 10-12 vezes **p. 33**

Abrindo as asas: 10-12 vezes **p. 40**

Dia 9

Braços da supermulher: 10-12 vezes em cada braço **p. 38**

Levantamento de braços curvado: 10-12 vezes **p. 32**

Abertura de braços: 10-12 vezes **p. 25**

Levantamento do solo: 6-8 vezes **p. 39**

Supertonificador de peito: 10-12 vezes **p. 41**

Dia 8

Braços em forma: 10-12 vezes em cada braço **p. 28**

Levantamento do ombro de lado: 10-12 vezes **p. 21**

Puxando sino: 10-12 vezes **p. 18**

Levantamento de busto: 20 vezes **p. 29**

Levantamento de boxe ajoelhado: 8-10 vezes **p. 37**

Dia 10

Levantamento de busto: 20 vezes **p. 29**

Círculos com os braço: 20 vezes **p. 26**

Rotação de bíceps com braços para fora: 10-12 vezes **p. 34**

Levantamento de boxe (avançado): 8-10 vezes **p. 37**

Braços da supermulher: 10 vezes em cada braço **p. 38**

Dia 11

Levantamento de braços curvado: 10-12 vezes **p. 32**

Comissão de tríceps: 10 vezes em cada braço **p. 30**

Braços entrecruzados: 20 vezes em cada braço **p. 33**

Abrindo as asas: 10-12 vezes **p. 40**

Pressão girando: 10-12 vezes **p. 22**

Dia 13

Supertonificador de peito: 10-12 vezes **p. 41**

Círculos com os braços: 20 vezes **p. 26**

Abertura de braços: 10-12 vezes **p. 25**

Extensão das costas: 10-12 vezes **p. 38**

Pressão do ombro: 10-12 vezes **p. 19**

Dia 12

Aperto para trás do tríceps: 15 vezes **p. 16**

Rotação de bíceps com braços para fora: 10-12 vezes **p. 34**

Tonificação sentando para trás: 10-12 vezes **p. 33**

Pressão no peito; 10-12 vezes **p. 27**

Braços em forma: 10 vezes em cada braço **p. 28**

Dia 14

Mergulhos de tríceps estendidos: 10-12 vezes **p. 31**

Levantamento de busto: 20 vezes **p. 29**

Tonificando braço na frente: 12 vezes em cada braço **p. 24**

Tonificação sentando para trás: 10-12 vezes **p. 33**

Supertonificador de peito: 10-12 vezes **p. 41**

ÍNDICE REMISSIVO